OBEDECER? REBELAR-SE?

Jovem pensador

Valérie Gérard
Ilustrações de Clément Paurd
Tradução de Adriana de Oliveira

OBEDECER? REBELAR-SE?

EDITORA
ALAÚDE

Copyright © 2012 Gallimard Jeunesse
Copyright da tradução © 2014 Alaúde Editorial Ltda.

Título original: *Obéir? Se révolter?*

Todos os direitos reservados. Nenhuma parte desta edição pode ser utilizada ou reproduzida – em qualquer meio ou forma, seja mecânico ou eletrônico –, nem apropriada ou estocada em sistema de banco de dados, sem a expressa autorização da editora.

O texto deste livro foi fixado conforme o acordo ortográfico vigente no Brasil desde 1º de janeiro de 2009.

PRODUÇÃO EDITORIAL: EDITORA ALAÚDE
Preparação: Grazielle Gomes da Veiga
Revisão: Claudia Gomes, Alexandra Fonseca

EDIÇÃO ORIGINAL: GALLIMARD JEUNESSE
Projeto gráfico e direção de arte: Néjib Belhadj Kacem

Impressão e acabamento: Bartira Gráfica

1ª edição, 2014

Impresso no Brasil

CIP-BRASIL.
Catalogação na publicação Sindicato Nacional dos Editores de Livros, RJ

G311o

    Gérard, Valérie
        Obedecer? Rebelar-se? / Valérie Gérard ; ilustração Clément Paurd ; tradução Adriana de Oliveira. - 1. ed. - São Paulo : Alaúde, 2014.
    72 p. : il. ; 20 cm. (Jovem Pensador)
    Tradução de: Obéir? Se révolter?

    Inclui índice
    ISBN 978-85-7881-235-5

    1. Ética. 2. Obediência. 3. Filosofia. I. Título. II. Série.

14-08742   CDD: 170
                                                                                   CDU: 17

2014
Alaúde Editorial Ltda.
Rua Hildebrando Thomaz de Carvalho, 60
04012-120, São Paulo, SP
Tel.: (11) 5572-9474
www.alaude.com.br

Meus agradecimentos a Myriam,
Patricia, Anissa e Daniel.

Sumário

Obedecer aos pais? 15

E se a obediência gera poder? 29

Por que obedecer e até que ponto? 45

Quando as pessoas se rebelam 56

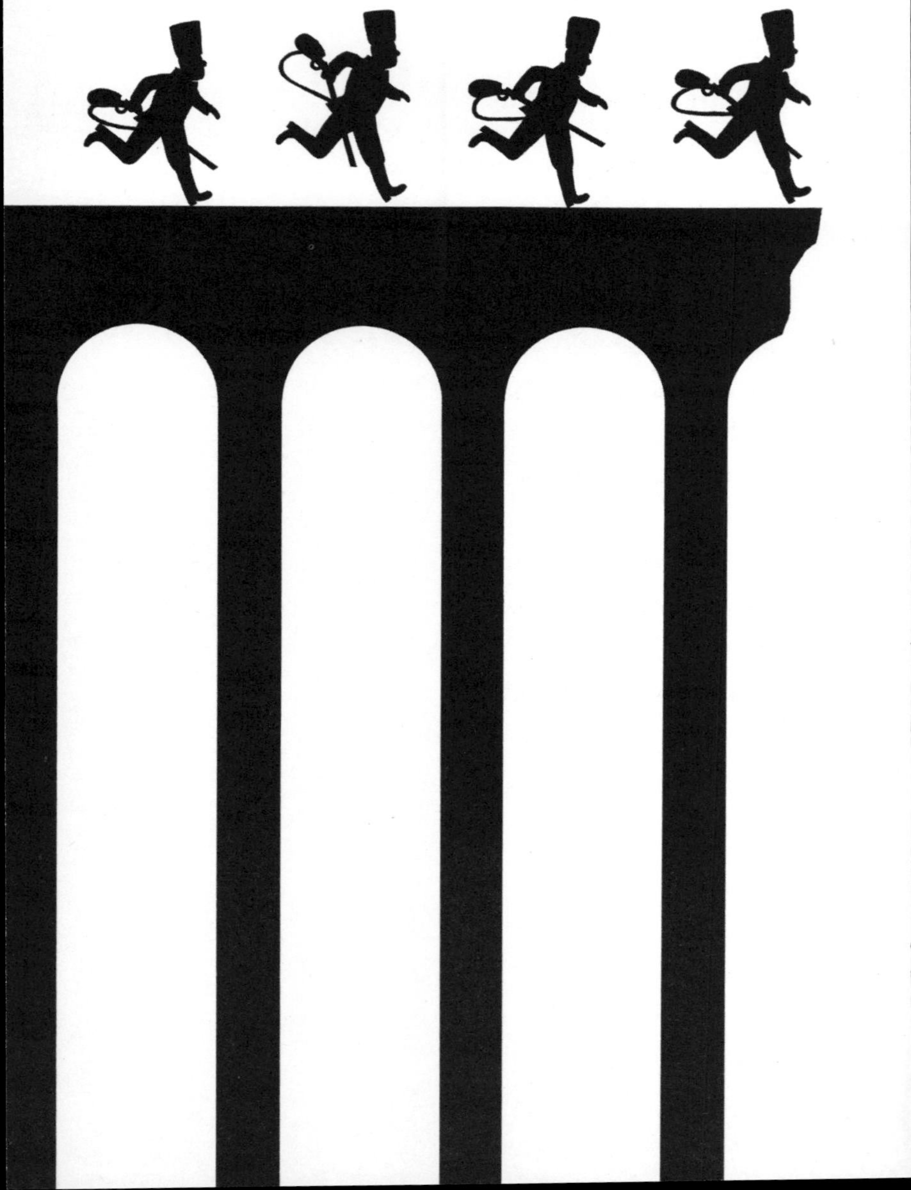

Sempre temos de obedecer a alguém. Logo de início, aos nossos pais e professores. Mais tarde, quando estamos trabalhando, aos nossos chefes. É muito desagradável. Também devemos obedecer às leis e aos nossos governantes, o que pode ser constrangedor.

Às vezes, as pessoas se rebelam. Contestam suas condições de trabalho e fazem greve, paralisam indústrias e empresas. Deixam de obedecer às leis que consideram injustas, se recusam a lutar em uma guerra da qual discordam. As pessoas fazem manifestações e não <u>aquiescem</u> quando a polícia as manda dispersar; elas se opõem aos governantes. Quando apoiamos as ações dessas pessoas, dizemos que elas estão lutando pela liberdade, pela dignidade.

> **aquiescer**
> Concordar, cumprir uma ordem

Mas obedecer é sempre o contrário de ser livre? Em certos casos, a obediência não se justifica? Não é possível aceitar a obediência livremente?

Por que obedecer? Ao fazer essa pergunta, devemos refletir sobre seu significado. Antes de encontrar respostas, um filósofo procura compreender por que as dúvidas surgem, por que o que parece óbvio nem sempre é.

Perguntar-se "por que obedecer?" já é considerar que a obediência não se justifica por si só. É questionar a obrigação de obedecer. Com que direito *tal pessoa* me dá ordens (por que ela pode exigir que eu a obedeça)? E com que direito tal pessoa me dá *tal ordem* (por que ela pode exigir que eu faça isto)? Perguntar isso é questionar o princípio da obediência automática (eu faço algo porque alguém me manda fazer) e julgar, isto é, avaliar antes de obedecer a uma ordem. Ou seja, é contestar a autoridade de quem acha que deve ser obedecido sem discussão. O ato de obedecer depende de uma condição: se não há justificativa para que *tal pessoa* exija que eu cumpra *tal ordem*, então não há razão para que eu aceite essa exigência.

Mas nem sempre nós nos perguntamos essas coisas. Muitas pessoas obedecem a seus chefes, professores e governantes sem pensar nisso. Por quê? Quais são as consequências dessa atitude?

Muitos filósofos acreditam que as pessoas acostumadas a submeter-se a outras acham que são feitas para obedecer, e que os outros são feitos para

> **autoridade**
> Direito ou poder de ser obedecido sem usar força ou ameaça nem justificar suas ordens

> **submeter-se**
> Render-se às ordens ou entregar-se à vontade de outra pessoa

mandar – como se as pessoas fossem desiguais por natureza, como se uns tivessem nascido para serem senhores e outros para serem escravos.

Perguntar-se "por que obedecer?" é recusar essa ideia de que existe uma desigualdade natural entre as pessoas que mandam e as que obedecem, ou seja, é rejeitar a noção de que as pessoas que obedecem valem menos do que as que mandam. Pelo contrário, em uma hierarquia social, as posições dos que mandam e dos que obedecem podem se alternar. Daí surge uma nova dúvida: existe igualdade entre as pessoas quando uns somente mandam e outros somente obedecem? É possível questionar a obediência quando a relação de poder entre as pessoas é desigual, como na relação entre pais e filhos?

AQUELE QUE OBEDECE, AQUELE CUJAS ATITUDES, DORES E ALEGRIAS SÃO DETERMINADAS PELAS PALAVRAS DOS OUTROS, NÃO SE SENTE INFERIOR POR ACASO, MAS POR NATUREZA. NA OUTRA PONTA DA CORDA, O OUTRO SE SENTE SUPERIOR, E ESSAS DUAS ILUSÕES SE REFORÇAM MUTUAMENTE. [...] TUDO O QUE CONTRIBUI PARA DAR ÀQUELES QUE ESTÃO POR BAIXO NA HIERARQUIA SOCIAL O SENTIMENTO QUE ELES TÊM VALOR É [...] SUBVERSIVO.

Simone Weil

Obedecer aos pais?

Iniciamos a vida em obediência. Ou melhor, sendo obrigados a obedecer. É daí que vem a desobediência, pois rapidamente aprendemos a dizer "não!", exatamente porque nossos pais estão sempre ordenando ou proibindo algo: "Arrume seu quarto!", "Faça a lição de casa!", "Não mexa nessa faca!" Não há o que discutir.

Não há o que discutir pois as crianças não podem simplesmente se rebelar contra os pais porque dependem deles para viver. Elas não têm escolha. Elas têm de obedecer porque são crianças. Porque a infância é, antes de tudo, uma situação de dependência – as crianças não podem sobreviver sem os pais. Além disso, trata-se de uma

Simone Weil
(1909-1943)
Filósofa francesa

> **minoridade intelectual**
> Condição de não ser capaz de julgar, de decidir sozinho

> **autônomo**
> Capaz de dirigir sua conduta sozinho; aquele que pode usar a própria razão para escolher as regras a que se submeter

> **implícito**
> Não declarado, subentendido, manifestado por atos, e não por palavras

situação de <u>minoridade intelectual</u>: as crianças ainda não sabem muitas coisas e nem sempre têm a capacidade de julgar o que é bom ou ruim para elas. As crianças não são <u>autônomas</u> nem física nem intelectualmente.

Mas se as crianças são obrigadas a obedecer por causa da dependência, isso significa que há uma condição <u>implícita</u> a essa obediência: que os pais tomem conta delas. Tudo o que um pai ou uma mãe mandar a criança fazer ou deixar de fazer deve ser para o bem dela, mesmo que nem sempre ela perceba. Isso levanta uma questão bem difícil: como podemos saber o que é melhor para os outros? Nem sempre temos certeza. Mas vamos combinar que, mesmo que os pais estejam errados, as crianças não têm muita experiência com as coisas, e a única escolha que elas têm é recorrer aos pais. Portanto, a autoridade dos pais só é <u>legítima</u> se atender às necessidades dos filhos. Ela não deve ser <u>arbitrária</u>, quer dizer, deve haver uma razão para que algumas coisas sejam permitidas e outras proibidas – ainda que a criança só consiga compreender essas razões mais tarde. Da mesma forma, a criança tem de conseguir entender quando uma ou outra ordem não for apenas ruim, mas

legítimo
Justificado por boas razões, pelo bom senso, pelas leis

arbitrário
Que se origina da vontade de uma pessoa, e não de uma regra ou lei

[A CRIANÇA] NÃO DEVE SER NEM HOMEM NEM ANIMAL, MAS CRIANÇA. ELA DEVE DEPENDER, E NÃO OBEDECER [...]. ELA DEVE SE SUBMETER AOS OUTROS POR CAUSA DE SUAS NECESSIDADES E PORQUE OS OUTROS SABEM MELHOR DO QUE ELA O QUE LHE É ÚTIL [...]. NINGUÉM TEM O DIREITO, NEM OS PAIS, DE MANDAR O FILHO FAZER O QUE NÃO LHE TRAZ NENHUM BEM.

Rousseau

sem sentido – imagine uma criança cujos pais a obriguem a andar plantando bananeira!

Há pais que mandam os filhos fazerem apenas o que é bom para eles; quando isso acontece, as crianças continuam dependentes dos pais, mas sem se submeterem aos caprichos deles. As crianças não são tratadas como um animalzinho de estimação (que os pais mandam fazer o que bem entendem) nem como os outros adultos, com quem os pais discutem para chegar a um acordo, mas sim como uma criança.

Ainda que a origem da obediência seja a dependência dos pais, isso não significa que essa obediência seja devida apenas durante a infância, mas sim enquanto durar o estado de dependência por parte dos filhos.

Jean-Jacques Rousseau (1712-1778) Filósofo francês do Iluminismo

Não é fácil saber até quando esse estado perdura. Os jovens, por exemplo, não são independentes dos pais do ponto de vista financeiro. Mas será que eles devem aos pais o mesmo tipo de obediência que as crianças?

Dependência material não é o mesmo que dependência intelectual. Apenas esta última justifica a obediência: como uma criança não tem a capacidade de decidir por si mesma, ela deve acatar as decisões dos pais. Mas, depois que uma pessoa se torna capaz de pensar e refletir, exigir obediência automática é ultrapassar o limite da autoridade. A pessoa já é capaz de avaliar as ordens que recebe e questionar o próprio fato de receber ordens. Ela não vai mais querer fazer algo que lhe seja imposto. Pelo contrário, ela vai querer julgar e analisar

OS FILHOS [FICAM] LIGADOS AOS PAIS APENAS ENQUANTO PRECISAM DELES PARA SE MANTER. ASSIM QUE ESSA NECESSIDADE TERMINA, A LIGAÇÃO NATURAL SE DISSOLVE. OS FILHOS FICAM LIVRES DA OBEDIÊNCIA DEVIDA AOS PAIS, E OS PAIS FICAM LIVRES DO CUIDADO DEVIDO AOS FILHOS, TODOS SE TORNAM IGUALMENTE INDEPENDENTES. SE ELES CONTINUAREM UNIDOS, NÃO SERÁ MAIS POR INSTINTO, E SIM POR VONTADE.

Rousseau

as ordens, contestando então a autoridade das regras familiares.

Mas como nos tornamos capazes de pensar por nós mesmos se passamos a infância toda obedecendo aos outros? Trata-se de um grande dilema: como a educação, que é uma relação desigual e baseada na autoridade, pode conduzir as crianças da dependência à autonomia, do costume de obedecer à capacidade para julgar? Os filósofos do Iluminismo refletiram muito sobre isso, pois eles desejavam que todas as pessoas fossem emancipadas da família, da Igreja e do governo. Eles buscavam, portanto, estabelecer as condições para que as pessoas pudessem se tornar autônomas e continuar assim. A educação é uma questão política fundamental, pois permite a autonomia

> **Iluminismo**
> Movimento filosófico do século XVIII que defendia que os homens deviam se libertar das autoridades e confiar na razão para governar a si mesmos e organizar a sociedade

> **emancipado**
> Que se viu livre de uma dominação, que tem responsabilidade por seus próprios atos

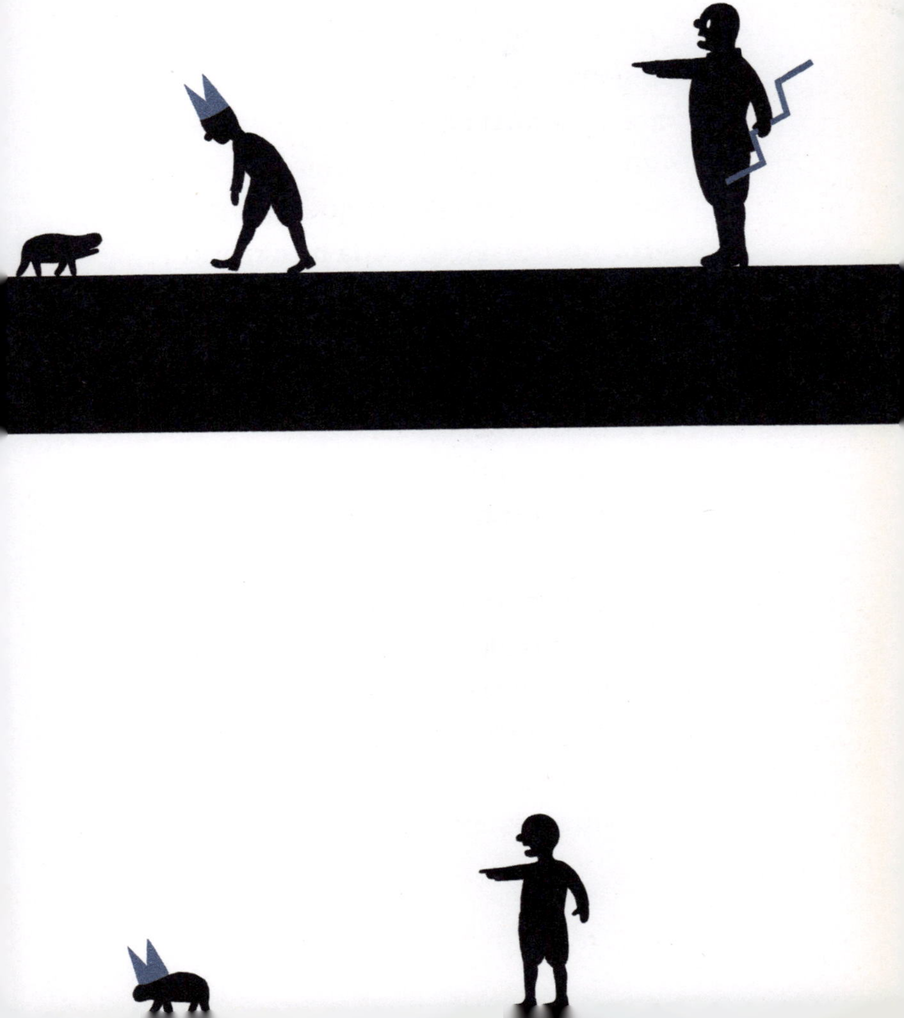

intelectual, que é inseparável da autonomia política: se todos os homens, graças à educação, podem conquistar a mesma capacidade de julgamento, não é legítimo que alguns mandem e outros obedeçam sem dizer nada. Nenhum homem deve se submeter a outro. Ainda assim, a ordem social é impossível sem a obediência (às leis, às instituições, à polícia etc.), do mesmo modo que a educação é impossível sem a obediência (aos pais, aos professores). Daí surgem novas perguntas: do ponto de vista social, que tipo de obediência deixa intacta a capacidade de julgar das pessoas? E, na educação, que tipo de obediência permite que as crianças aprendam a tomar decisões?

Segundo Rousseau, há um momento em que uma criança que cumpre todas as ordens dos pais precisa aprender a tomar decisões sozinha, para que ela não continue a agir pelo pensamento dos outros. Para isso, o ideal é que ela receba orientações de como agir, sem que essas orientações sejam outra forma de submissão à vontade de alguém, mas sim um jeito de mostrar a nova ordem das coisas. Rousseau criticava os pais que proíbem um filho de correr para evitar que ele se machuque; para

ele, é melhor que a criança caia, se machuque e aprenda a se levantar e a tomar cuidado. Assim ela vai saber, pela experiência, o que é perigoso para ela. Vai aprender não a obedecer, mas a compreender o que faz bem ou mal, a agir não em função dos outros, mas em função de suas necessidades e de sua experiência do mundo.

A criança deve descobrir o que é bom para ela, mas não precisa fazer isso sozinha. Ocorre que nem sempre é possível argumentar com uma criança: "Se a criança tivesse pleno domínio da razão, não seria preciso educá-la", disse Rousseau. Bastaria mostrar a ela o que é bom e do que ela precisa. Mas antes de ter as próprias experiências no mundo, a criança não entende o motivo de os pais lhe pedirem isso e aquilo, nem a razão de ter de obedecer. A obediência se torna algo penoso: a criança tem a impressão de que a ordem só existe para contrariar, para restringir sua liberdade. Por outro lado, ela se sente muito satisfeita quando percebe que a ordem é para o seu bem, para evitar que ela se machuque ou que tenha acesso a objetos perigosos, locais altos etc. Pode ser frustrante, mas não é humilhante. Ela entende que isso não vai prejudicá-la. A obediência, portanto, deixa de ser necessária quando ocorre o aprendizado. Como se viu, durante a infância, é difícil responder claramente à questão "por que obedecer?"

E se a obediência gera poder?

A relação de comando e obediência é natural entre pais e filhos porque as crianças ainda são imaturas para decidir as coisas por si mesmas. Mas isso não seria algo natural entre adultos autônomos. No entanto, as pessoas aceitam obedecer às leis e aos chefes para manter a ordem social, ou seja, para o bom convívio em sociedade. Em algumas instituições, como

> ordem social
> Conjunto de regras e princípios estabelecidos pela Constituição que regem as relações em sociedade

a polícia e o exército, por exemplo, o bom funcionamento depende da obediência sem reserva dos subordinados aos seus superiores.

O fato de as pessoas aceitarem a autoridade das regras ou de outras pessoas deveria nos surpreender, mas não é o que ocorre. Então, depois de se perguntar "por que obedecer?", é preciso se perguntar "por que as pessoas obedecem?" e "quais são as consequências disso?"

A causa mais óbvia da obediência é a força, a ameaça. Obedecemos quando somos obrigados pela força ou pela ameaça. Se um ladrão armado diz: "A carteira ou a vida", oferecemos a carteira. Dar uma de herói certamente não valeria a pena! Fazemos o que ele manda. Isso não significa de modo algum que ele tenha o *direito* de dar essas ordens a quem quer que seja. Mas ele tem os *meios* de obrigar as pessoas a aceitarem isso... Nós não aceitamos voluntariamente obedecer-lhe, ao contrário, somos constrangidos a fazer isso: nós nos submetemos à força do ladrão.

Claro, arriscar a vida por um telefone celular, por exemplo, não faz sentido!

Mas há situações em que as pessoas se arriscam e enfrentam os mais fortes para garantir seus direitos, sua liberdade. Enfrentam os poderosos porque têm bons motivos para se rebelar e têm a esperança de derrotá-los. Não acreditam que elas sempre serão o lado mais frágil, mas sim que a força pode mudar de lado e ficar a seu favor.

Que as pessoas obedeçam quando se sentem ameaçadas é fácil de compreender. Mas as coisas podem ser um pouco mais complicadas do que isso. Imaginemos um povo aterrorizado que obedeça a um tirano que as pessoas detestam. Ficamos achando que o povo obedece ao tirano porque se sente constrangido pela violência do governo. Mas, se pensarmos bem, o

Étienne de La Boétie (1530-1563) Pensador francês (trecho de *Discurso da servidão humana*)

COMO É POSSÍVEL QUE TANTOS HOMENS, TANTAS CIDADES E NAÇÕES, APOIEM UM TIRANO SOLITÁRIO, QUE NÃO TEM NENHUM PODER ALÉM DAQUELE QUE ELES PRÓPRIOS LHE CONFEREM, QUE TEM TANTO PODER DE LHES PREJUDICAR QUANTO ELES TÊM DE APOIÁ-LO, E QUE NÃO PODERIA LHES FAZER NENHUM MAL SE ELES NÃO TIVESSEM ESCOLHIDO SOFRER A LHE ENFRENTAR?

La Boétie

tirano é um só. Na melhor das hipóteses, ele tem o apoio de alguns guardas e a ajuda de alguns amigos. Por outro lado, o povo é formado por muitas pessoas, muito mais pessoas do que esses guardas e amigos do tirano. Mas mesmo assim o povo é submisso. No século xv, o filósofo francês La Boétie se fez a seguinte pergunta: "Como milhões de pessoas podem ter medo de um único ditador?" Num combate cara a cara, elas fariam picadinho dele! Então, parece que o povo aceita obedecer sem ser forçado a isso. Daí, chegamos a uma conclusão surpreendente: não é a força do tirano que obriga o povo a obedecer, mas a obediência do povo que constitui o poder do tirano.

Pensando nisso, faz sentido afirmar que o povo abre mão da sua força e do seu poder, de livre e espontânea vontade, ao obedecer a esse tirano? Será que a força da quantidade maior de pessoas do povo pode vencer a estrutura organizada, o dinheiro e as armas de um governo que está disposto a empregar a violência sem misericórdia para continuar no poder? Talvez o que aconteça é que as pessoas do povo não tenham se unido, talvez as pessoas estejam preocupadas consigo mesmas, estejam se sentindo sozinhas e impotentes. As pessoas que se acham impotentes nem tentam resistir ou derrotar os opressores, pois ficam pensando que fracassariam. O sentimento de impotência dos oprimidos constitui sua fraqueza. É por isso que aqueles que querem dominar sempre tentam impedir que o povo fique unido, que ele se organize. Eles se esforçam para

MANTER O SENTIMENTO DE IMPOTÊNCIA [DO POVO SUBMISSO] É O PRIMEIRO PASSO DE UMA POLÍTICA EFICAZ PARA OS GOVERNANTES.

Simone Weil

fazer o povo acreditar que é inferior e para convencer o povo de que todo mundo é obrigado a obedecer.

As pessoas obedecem a quem tem mais força do que elas – ou pelo menos a quem parece ter. Mas elas também obedecem a quem reconhecem como uma *autoridade*. Depois da ameaça e da força, a autoridade é a segunda causa que explica a obediência. O que é autoridade? É o poder de impor a obediência sem o uso da força ou da ameaça. Uma pessoa ou uma instituição tem autoridade quando faz os outros obedecerem sem questionar, sem discutir, pois *reconhecem* nela uma autoridade, uma superioridade. Obedecemos aos médicos que nos recomendam vacinas porque acreditamos que eles são dignos de confiança e sabem mais do que nós sobre o que é benéfico para nossa saúde. A autoridade só funciona com aqueles que a aceitam e a respeitam. As palavras do papa, por exemplo, exercem uma autoridade sobre os católicos, mas não sobre quem segue outra religião. Quando as pessoas deixam de respeitar e aceitar a autoridade, ela desmorona: não consegue resistir ao fato de que as pessoas estejam com dúvidas, ou de que precisem de explicações, ou ainda de que queiram discutir as ordens. O funcionário que reconhece a autoridade do chefe se submete a suas ordens sem discutir. Se discutisse, talvez chegasse à conclusão de que ele é quem deveria comandar os negócios da empresa.

Assim, quem obedece constrói a autoridade daquele que é obedecido. Max Weber explicou esse fenômeno

Max Weber
(1864-1920)
Sociólogo
alemão

estranho através de três coisas. Primeiro, pela tradição: por exemplo, na monarquia, o povo obedece ao rei porque, durante muitos anos, os membros de sua família governam o país. Segundo, pelo carisma: algumas pessoas nos impressionam de verdade, seja pela energia que transmitem, pelo modo como falam ou pela autoconfiança que demonstram, e por causa disso fazemos o que elas nos pedem. Quem está perto dessas pessoas fica fascinado e se põe a serviço delas, sejam elas o chefe de um banco ou de um partido político... E terceiro, pela tendência que temos a obedecer às ordens daqueles que ocupam uma função oficial em razão de suas competências – militares, professores, médicos, juízes etc. Nesse caso, a obediência decorre da função que essas pessoas ocupam, e não da pessoa que ocupa essa função. E mais: tendemos a obedecer-lhes dentro dos limites da função que exercem. É razoável obedecer ao professor e fazer a lição de casa ou obedecer ao médico e me alimentar melhor, mas não é de se esperar obediência se eles me mandarem assaltar um banco!

O problema das pessoas que respeitam as autoridades cegamente é que elas não raciocinam sobre as ordens que recebem. Elas não avaliam nem discutem o que é dito. Trata-se da renúncia ao julgamento. As consequências podem ser terríveis. Há pessoas que, a mando de governantes, militares ou religiosos, massacram populações inteiras e depois afirmam que estavam apenas cumprindo ordens. Respeitar cegamente as autoridades pode nos livrar da responsabilidade. Às vezes pode ser tentador – renunciar ao julgamento evita o cansaço da reflexão, a incerteza da dúvida. Não nos sentimos responsáveis por nada, é fácil!

Kant criticou arduamente aqueles que renunciam a pensar e a julgar e que preferem confiar em professores,

> Immanuel Kant (1724-1804) Filósofo alemão do Iluminismo

orientadores ou livros. O que Kant considerou escandaloso é que as pessoas se sujeitem à autoridade de "tutores" não por falta de capacidade intelectual para decidirem por si mesmas, mas pela falta de coragem para fazê-lo. É realmente mais fácil seguir regras de conduta! Mas essa renúncia cria o poder que alguns exercem sobre os outros. Então somos os únicos responsáveis por esse estado, se somos preguiçosos ou covardes demais para raciocinar e nos tornar autônomos.

Kant repreendeu também aqueles que se baseiam nos livros. Isso é algo surpreendente vindo de um filósofo que escrevia para estimular as pessoas a pensarem por si mesmas. Qual é, então, a utilidade dos livros de filosofia, se filosofar é pensar por

PREGUIÇA E COVARDIA SÃO AS CAUSAS QUE FAZEM COM QUE MUITOS HOMENS, MESMO AQUELES QUE ESTÃO LIVRES DA INFLUÊNCIA DE TERCEIROS POR NATUREZA, PERMANEÇAM POR VONTADE PRÓPRIA E POR TODA A VIDA EM UM ESTADO DE TUTELA; [...] SE ENTENDO O MUNDO ATRAVÉS DE UM LIVRO, SE DESENVOLVO MINHA CONSCIÊNCIA PELA ORIENTAÇÃO DE ALGUÉM [...] ETC., ENTÃO NÃO PRECISO FAZER NENHUM ESFORÇO.

Kant

si mesmo? O certo é que não devemos procurar nos livros as respostas para nossas perguntas, nem as regras de conduta para aplicar à vida, nem as políticas ou os critérios que permitam distinguir o bem do mal. Isso seria o contrário de pensar e julgar por si mesmo. Mas pensar por si mesmo não significa pensar totalmente sozinho. Quando estamos sozinhos, sem ninguém com quem discutir, sem livros para consultar, nosso pensamento fica bem limitado... Então os livros podem nos ajudar a identificar as dúvidas, a formular melhor nossas perguntas, a entender as consequências das respostas possíveis, a compreender melhor as coisas, mas eles não podem nos dizer o que fazer da vida!

Por que obedecer e até que ponto?

Se obedeço por submissão às autoridades, renuncio ao meu direito de julgar. Mas julgar é incompatível com obedecer? Não é simples responder a essa pergunta. Há diferentes modos de obedecer: seja submetendo-se sem hesitar àquele que manda ou sabendo que se obedece por bons motivos. Podemos obedecer a uma ordem que achamos justa e razoável ainda que incômoda; por exemplo, aceito pagar impostos, mesmo que seja difícil no momento, porque acho justo financiar escolas, hospitais etc.; aceito parar no semáforo vermelho porque compreendo que ele não foi colocado ali para me atrapalhar, mas para garantir a segurança de todos.

Nesses casos, obedeço porque compreendo por que me mandam fazer tal coisa. O consentimento, então, é a terceira causa da obediência.

É possível, porém, obedecer a uma ordem que achamos injusta ou absurda apenas por necessidade, e ainda assim criticá-la ou combatê-la (por exemplo: aceito pagar impostos embora ache injusto o modo como são usados e lute por uma mudança de governo). O soldado pode obedecer a uma ordem que desaprova, pois, ao entrar no exército, ele se engajou livremente para obedecer a uma hierarquia. Podemos discordar de uma

ordem e ainda assim obedecer. Quem obedece dessa forma não deixa de julgar e mantém, sim, o senso crítico, o que não é fácil. É muito desagradável agir de um modo e pensar de outro. Esse conflito interior é incômodo. Pode ser insuportável para um soldado lutar, arriscar a vida quando considera a guerra injusta e inútil. Como se engajar em algo que se considera inútil ou nocivo? Com frequência, acabamos nos convencendo de que aquilo com que lidamos é bom e justo, perdendo todo o distanciamento do que fazemos. Obrigados a obedecer, paramos de julgar porque estamos engajados e temos um dever de reserva.

Aquele que, apesar da dificuldade e mesmo em obediência, consegue preservar a capacidade de julgar

---

senso crítico
Capacidade de avaliar e distinguir o verdadeiro do falso, o bom do mau

dever de reserva
Obrigação devida pelos agentes de Estado de serem discretos sobre suas opiniões políticas, de não criticar o governo no escopo de sua função

certas ordens, é capaz de desobedecer. Se a obediência é pensada e livremente consentida, ela pode ser recusada. A pessoa que obedece e ao mesmo tempo julga é capaz de parar de obedecer quando percebe que as condições mudaram; por exemplo, ela sempre obedeceu às leis de seu país, mas o novo governo as tornou injustas. Ou se a pessoa considera que as ordens ultrapassam seus limites, como no caso de um militar que recebe ordens para atirar contra seus compatriotas, ou de um cidadão que se recusa a ir para guerra, preferindo ir preso por objeção de consciência.

Quem quer ser autônomo analisa as ordens que recebe, pondera as razões para obedecer ou não. Avalia o que a obediência lhe custará; talvez a pessoa não consiga mais se olhar

> **objeção de consciência**
> Recusa de portar armas devido a convicções morais ou religiosas que proíbam atentar contra a vida humana

no espelho se aceitar fazer algo que considera condenável. Ela calcula os riscos da desobediência e faz a sua escolha. Essa pessoa, então, não é um instrumento que os chefes podem usar para fazer o que quiserem. Para quem está no comando, as pessoas que obedecem cegamente pouco importam: qualquer que sejam as ordens dadas, as pessoas as executarão, como se não tivessem vontade própria. Por outro lado, a pessoa que analisa e pondera, ou seja, que tem escolha, obriga o governante a tomar cuidado. O governante não pode agir como se essa pessoa não existisse, como se sua opinião não importasse, pois se ela se recusar a obedecer, todos os planos do governo podem ir por água abaixo. Se o governante não for um tirano disposto a eliminar os que lhe opõem resistência, ele deverá admitir que há pessoas que discordam de suas

ideias e deverá conversar com seus opositores, tentar persuadi-los, negociar com eles, assumir compromissos, firmar acordos. Resistir é fazer o outro reconhecer que existem opiniões divergentes.

A obediência exercida livremente cria um poder estável. As pessoas julgam e aprovam conscientemente uma política ou um governo. Elas aceitam obedecer às leis ou aos governantes não de forma automática, nem sob coerção, nem por hábito, nem por medo, mas sim porque elas os julgam bons e justos. Ou reconhecem que lhes interessa aceitar um poder que garanta uma ordem social em que as pessoas convivam em paz: elas aceitam, portanto, o governo, as leis, a polícia e a justiça. A obediência deliberada cria então uma

"ENCONTRAR UMA FORMA DE ASSOCIAÇÃO [...] PELA QUAL TODOS SE UNEM, MAS CADA UM OBEDECE APENAS A SI MESMO E PERMANECE TÃO LIVRE QUANTO ANTES." ESSE É O PROBLEMA FUNDAMENTAL.

Rousseau

forma de poder baseada no consentimento dos cidadãos. Eles aceitam as leis porque compreendem sua utilidade e, por isso, obedecem a elas.

Para Rousseau, só um poder instaurado pelo consentimento de todos seria legítimo – apenas um poder assim constituído teria o direito de exigir que os cidadãos obedeçam às leis. Eles seriam, então, obrigados a obedecer a um poder que já aceitaram, às leis que já julgaram justas. Sem esse consentimento, há apenas a coerção das relações de força. Por outro lado, se uma pessoa obedece às leis que já analisou e aprovou, ela não perde a liberdade. Uma vez que a pessoa concordou com essas leis, obedecê-las significa obedecer a si mesmo. Se acatamos as leis, somos obrigados a obedecer. Se não roubo meu vizinho, mesmo tendo vontade de fazer isso, é porque desejo que a lei me impeça de fazê-lo para que a minha própria propriedade seja protegida. Então é a mim mesmo a quem eu obedeço.

Quando a maioria dos cidadãos acredita que o poder é exercido contra seus interesses e que as leis são injustas e prejudiciais, acabam deixando de obedecer. Então, o poder deixa de existir.

Quando as pessoas se rebelam

Quando um governo não tem mais o apoio do povo e se sustenta apenas pelo terror que causa nas pessoas, está correndo o risco de ver o povo perder o medo de uma hora para outra e se rebelar, indo às ruas para se manifestar contra o poder. Quando a polícia manda os manifestantes se dispersarem, eles desobedecem e permanecem nas ruas. O poder perdeu sua credibilidade, ninguém mais obedece. Ou o governo cede e inicia uma discussão, ou tenta restabelecer seu poder com mais força e repressão, ordenando à polícia ou ao exército que atire nos manifestantes, bombardeie cidades, torture os rebeldes. Mas, às vezes, o exército ou a polícia se recusam a atirar contra o povo. Algumas vezes até decidem se unir aos manifestantes. Quando isso ocorre, não há mais poder constituído: ele se torna incapaz de se fazer obedecer, mesmo sob ameaça e violência.

[EM UM CONFRONTO,] O GOVERNO CONTA COM SUPERIORIDADE ABSOLUTA [...] POIS O POVO ESTÁ HÁ MUITO TEMPO OBEDECENDO ÀS ORDENS, ENQUANTO O EXÉRCITO E AS FORÇAS DA POLÍCIA ESTÃO PRESTES A FAZER USO DE SUAS ARMAS. QUANDO ESSE NÃO É MAIS O CASO, A SITUAÇÃO SE REVERTE BRUSCAMENTE. [...] A OBEDIÊNCIA CIVIL ÀS LEIS, AOS GOVERNANTES, ÀS INSTITUIÇÕES, NADA MAIS É DO QUE A MANIFESTAÇÃO EXTERIOR DO APOIO E DO CONSENTIMENTO.

Hannah Arendt

Quando o povo não quer mais um governo, quando os cidadãos e os militares não obedecem mais, o poder se dissolve. A ordem se dissipa.

Na maioria dos casos, os cidadãos respeitam a ordem, as instituições e os governantes de um país quando os aprovam de forma implícita. Sem serem necessariamente entusiastas de um governo, os cidadãos deixam o poder se constituir sem resistir a ele. Eles não ficam indignados a ponto de exprimir sua revolta. Essa indiferença, ou fatalismo, sustenta o poder.

**Hannah Arendt
(1906-1975)
Filósofa
norte-americana
de origem alemã**

Quando falta esse consentimento implícito, a dominação só se mantém pelo terror. O povo se rebela quando a indignação é maior do que o medo. Se o povo se revolta contra o tirano e se liberta, a relação de forças é invertida. Se um povo obedece apenas pela coerção e força, não há dúvidas de que tem o direito de se opor ao tirano: não há lealdade a um governante odioso e violento. O povo não o apoia mais e o derruba quando toma consciência de que pode instaurar outro governo. A revolta se torna revolução quando os manifestantes conquistam o apoio do povo. Um levante popular, considerado legítimo pelo povo que o

QUANDO UM POVO É OBRIGADO A OBEDECER E OBEDECE, FAZ BEM. E ASSIM QUE CONSEGUE DESAFIAR A OPRESSÃO E A DESAFIA, FAZ AINDA MELHOR, PORQUE DESSA FORMA RECUPERA A LIBERDADE USANDO O MESMO MÉTODO COM QUE ELA LHES FOI TIRADA. SE ISSO NÃO REESTABELECER A LIBERDADE, TAMPOUCO SERVIRÁ PARA RETIRÁ-LA.

Rousseau

apoia, não é a mesma coisa que um golpe de Estado, que é o resultado da violência e não se baseia no consentimento dos cidadãos.

Mas os manifestantes nem sempre resistem diante de tanques e bombardeios. Geralmente, as revoltas fracassam ao virarem um banho de sangue. E, às vezes, são inúteis porque o novo governo se mostra tão injusto quanto o anterior. Isso significa que não adianta se rebelar?

As manifestações que fracassam não são esforços em vão. Aqueles que se rebelaram provaram que são livres, ainda que se revelem mais frágeis. Eles se recusaram a se curvar diante dos poderosos, se arriscaram para se libertar de uma dominação injusta, mostraram que a submissão não é natural, que os povos não são feitos para obedecer sem critério; provaram que são iguais aos governantes ao se imporem em uma cena política antes restrita. O tirano foi obrigado a

prestar atenção neles. Não importa se ele escutou o que os manifestantes tinham para dizer ou se ele reprimiu as revoltas de forma violenta; o que não dava mais era fingir que os manifestantes não existiam. Eles mostraram sua insatisfação com o domínio e a ilegitimidade de um governo baseado apenas na coerção. Enfim, os rebeldes deixam à mostra as injustiças, as opressões, os abusos de poder. Se o povo não fizer nada, os governantes acham que podem fazer tudo. **Ao se rebelarem, as pessoas lembram aos**

ADMITO QUE UMA PEQUENA REBELIÃO DE TEMPOS EM TEMPOS É UMA COISA BOA [...]. AS REBELIÕES CHAMAM A ATENÇÃO DE TODO MUNDO PARA AS VIOLAÇÕES AOS DIREITOS DO POVO. [...] É UM REMÉDIO NECESSÁRIO PARA A BOA SAÚDE DO GOVERNO.

Thomas Jefferson

governantes que eles necessitam do consentimento do povo se não quiserem ser chamados de tiranos.

> **Thomas Jefferson** (1743-1826) Terceiro presidente dos Estados Unidos (1801-1809) e teórico da política

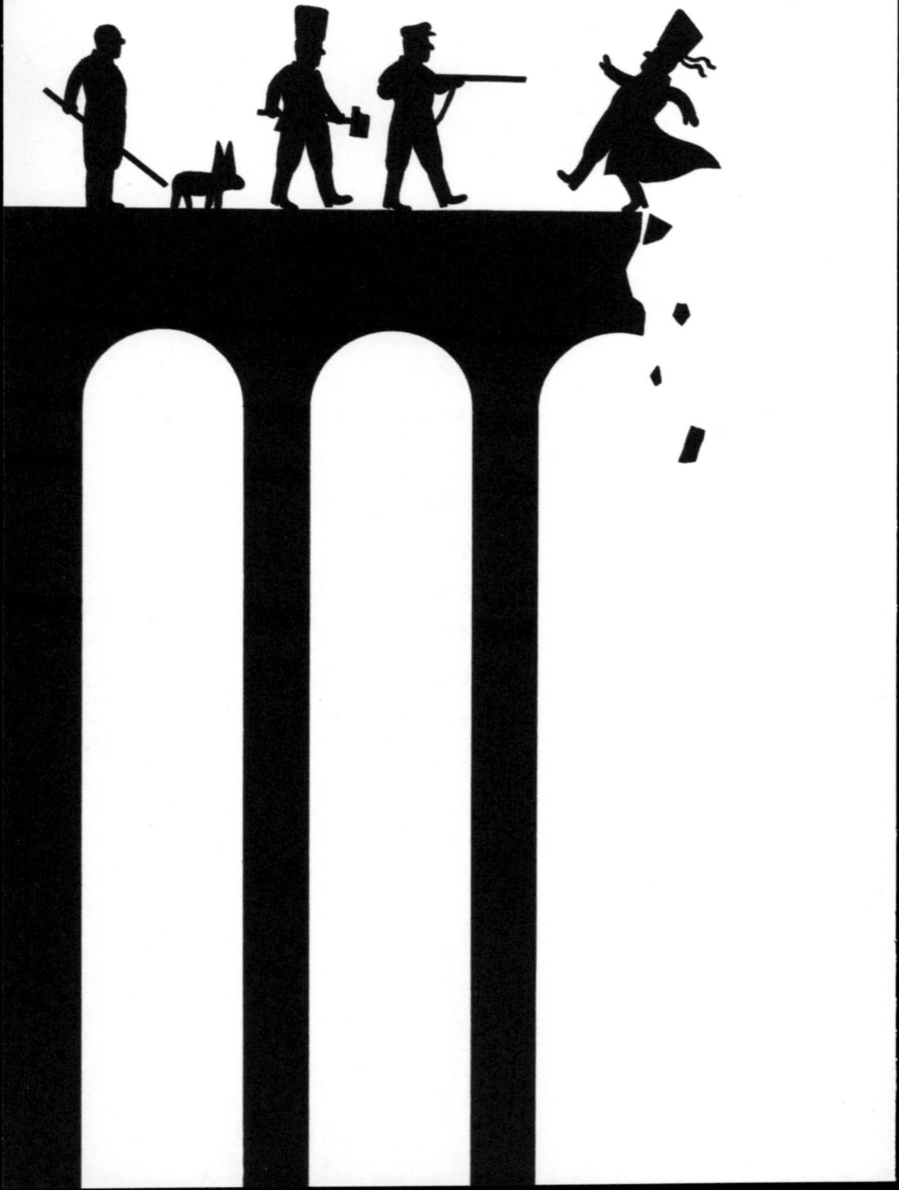

Índice

Este índice agrupa, em ordem alfabética, os nomes próprios e as palavras cujo significado foi explicado nos balões coloridos dispostos à margem do texto. Os números remetem às páginas.

aquiescer, 9
arbitrário, 17
autônomo, 16
autoridade, 11
dever de reserva, 48
emancipado, 22
Étienne de
   La Boétie, 32
Hannah Arendt, 59
Iluminismo, 22
Immanuel Kant, 41
implícito, 16

Jean-Jacques
   Rousseau, 19
legítimo, 17
Max Weber, 38
minoridade
   intelectual, 16
objeção de
   consciência, 49
ordem social, 29
senso crítico, 48
Simone Weil, 15
submeter-se, 11
Thomas Jefferson, 69

Sobre a autora

Valérie Gérard é professora de filosofia e pesquisadora de filosofia moral e política. Já publicou vários artigos sobre o tema, além do livro *L'Expérience morale hors de soi* (PUF, 2011).

Sobre o ilustrador

Clément Paurd é formado pela Escola Superior de Artes Decorativas de Estrasburgo, na França, e é um dos fundadores da revista *Belles Illustrations*. Em 2009, recebeu o prêmio Jovens Talentos do Festival Internacional de História em Quadrinhos de Angoulême.